10岁
开始的经济学

100万册珍藏纪念版

③ 如果公司光想着赚钱

〔日〕泉美智子·著　　〔日〕新谷红叶·绘

唐亚明·译

中信出版集团 | 北京

目录

1 如果"机器人面包店"
是个体户（个体户的构造）

4 页

2 如果"机器人面包店"
成为股份公司（股份公司的构造）
14 页

3 如果"机器人面包店"成为连锁店（连锁店的构造）

24 页

4 如果"机器人面包店"光想着赚钱（公司的利润）

34 页

1 如果"机器人面包店"是个体户（个体户的构造）

这位是来自外星的机器人。

他原来住在"糕点星"上，有一次航行在宇宙里迷了路，

跑到地球上来了。

他的宇宙飞船降落到了中国的北京市，他就在北京暂时安顿下来。

他擅长做面包，随身带着好多做面包的原料，

还有做面包所需的各种工具。

每天一大早，他就开始做面包。

做完后，他打开身上的小门，把面包摆进去。

快乐活泼公园

"机器人面包店"正式开张了。

机器人挂出了招牌，上面写着"1个面包3元"。

没过多久，面包店名声大噪。每天清早，顾客排长队买面包。

"刚烤好的面包真好吃啊！"

"这传闻一点儿没错呀，味道就是好！"

买到面包的顾客都很满意。

一到早上7点，好多中学生来买"机器人面包"，

带到学校当午饭。

有的学生先在店里吃一个刚烤好的面包，

然后再带走一个，留到中午吃。

"什么时候吃都好吃。"

"这么好吃，我今天买3个！"

到处都可以听到人们七嘴八舌议论面包的声音。

有些特地赶来买面包的人，

看到"已售完"的招贴，可泄气呢。

机器人把对顾客的热情、喜爱面包的真心，
都揉入面包中，所以做出来的面包特别好吃。
机器人面包几乎每天都被抢购一空，
他肚子里的保险箱里装满了钱。

可是，机器人从糕点星带来的面包原料快用光了，

他心里忐忑不安。

看来，畅销也会带来烦恼。

由于宇宙飞船的故障，

机器人和糕点星联系不上了。

没法子，他只好去超市和各类食品店找做面包的原料。

他买原料，做面包，卖面包，干什么都是一个人。

除此之外，他还做其他的工作。

比如，卖完面包，他要算账。

今天卖了150个面包，

$3 \times 150 = 450$。

今天收入450元，除去100元的原料费，

利润是350元。

每天傍晚，

机器人把买来的原料装进脑袋里的搅拌机，

搅拌成面团。

他睡觉时，面就慢慢发起来。

机器人生长在糕点星，

只要有原料，他就能做出糕点和面包，没必要雇人。

他身体里还有发电机。

水和面包原材料用完了，

去便利店买回来就行了。

他一不需要雇人，二不需要交电费和燃气费，

所以面包价格便宜。

2 如果"机器人面包店"成为股份公司（股份公司的构造）

地球上的人对机器人说：

"除了做面包，其他工作我包了吧，咱们一块儿成立个公司怎么样？"

"应该让更多的人吃到好吃的机器人面包！"

"哎，可也是啊。"机器人动了心。

"成立一家股份公司，可比你一个人干强多了。

卖得越多，顾客越高兴啊！"

"那好吧，我试试看。你能帮我吗？"

就这样，机器人与地球人合伙成立了面包公司。

公司在郊外建起了面包工厂，

还购入了新机器，雇用了一些员工。

员工们负责把烤好的面包放入塑料袋，然后装进纸箱。

机器人发面团，烤面包，

干得比以前更起劲了。

机器人忙得不亦乐乎，

连休息和打扫卫生的时间都没有。

地球人在面包工厂里开设了办公室。

办公室里安装了好多台电脑和电话，还雇用了几名员工。

有联络商店订货的人、统计各商店订货单的人、

往纸箱上贴收货地址的人，还有计算工资的人。

公司办公室的工作繁杂，
与做面包不同，要坐在桌前干。
而机器人不用干这些工作，
他只要从早到晚不停地做面包。

机器人是个体户时，一个面包卖3元。

因为不用电费，也无须雇人。

可是现在，兴建工厂，购买机器，

还要雇用员工，面包不涨价公司就难以维持下去。

现在，一个面包涨到了10元。

如果每天卖1000个，销售额是1万元，

每月就是30万元。

个体户难以进行大批量生产。
可是成立公司，让公司发展壮大，
也不是一件容易的事。

10个员工的工资，加上面包原料等费用，共计20万元。

30万元减去20万元，利润就是10万元。

就这样，机器人每天做1000多个面包，

员工们在流水线上包装、装箱。

机器人已经不是个体户，而是公司的一员。

因为工作繁忙，他已经不能像从前那样，

把对待顾客的热情和喜爱面包的真心，揉入面包中了。

机器人盯着装面包的塑料袋，想出了一个好主意。

他在每个袋里放进一张卡片，上面写着：

"这个面包好吃吗？你如果有什么想法和建议，

就给我们打电话吧，我会免费给你寄去面包。"

这几句话上还注着拼音，连小朋友都能看懂。

这个主意获得了成功。

虽然也有人提意见，但大部分电子邮件和传真的内容是：

"面包非常好吃，谢谢！"

机器人面包赢得了信誉，订货增加了2倍。

机器人和地球人合办的公司日益发展。
公司挣的钱也越来越多了。

最令机器人高兴的是，
自己喜爱面包的心情，
和干个体户时一样，一点儿没变。

3 如果"机器人面包店"成为连锁店（连锁店的构造）

糕点星的国王听说机器人面包在北京大受欢迎，
就考虑在中国各地兴建面包工厂和面包店，
借此和更多地球人交朋友。

第1号宇宙飞船飞往黑龙江省，然后是第2号、第3号……
他一共向中国发射了8艘宇宙飞船，
糕点机器人降落到了各地的大城市里。

连锁店的特点是，不论你在世界的哪家店里，都能品尝到相同的味道。因为制作面包的基本流程，都设定在机器人的大脑里。

哈尔滨、太原、武汉、成都、上海、厦门、桂林、深圳
……

机器人的同事们前往四面八方，
兴建面包工厂，募集员工。
就这样，销售机器人面包的连锁店，
在很多城市开张了。

不论在哪儿，机器人面包都又好吃，又便宜。
从糕点星来的机器人，
对增进糕点星和地球的友谊发挥着重要作用。

在北京工作的机器人，

看到好吃的面包使糕点星和地球建立了友谊，

别提多高兴了。

机器人面包

每家连锁店都使用相同的原料、相同的制作方法，
烤制出相同味道的面包。
一位北京顾客到哈尔滨旅游，
偶然看到了机器人面包店。
他买来一尝，和北京店的一样好吃，非常满意。
因为面包烤制方法都装在机器人大脑里，
是统一的"企业秘密"。

机器人面包连锁店开张的第二年，

有一座城市发生了大地震。

山崩地裂，桥梁倒塌，停电停水停燃气，

连电话都打不出去。

地震还引起海啸，许多人丧失了宝贵的生命。

于是，糕点星国王下命令说：

"尽快把机器人面包运到灾区去！免费提供给受灾百姓！"

"进一步巩固糕点星和地球的友谊！"

北京总店的机器人，用直升机把大量的面包运往灾区，

分发给当地的老百姓。

哈尔滨分店和厦门分店的机器人，

也学习北京总店，

用同样的方法免费运送和分发面包。

这是为社会做贡献啊！公司依靠消费者，有了盈利，在这种时候发挥作用是理所当然的。但是，并不是所有公司都能做到这一点，机器人面包店不简单！

如果"机器人面包店"光想着赚钱（公司的利润）

但是，如果"机器人面包店"光想着赚钱，
那会出现什么情况呢？
机器人面包发面和烤制的方法，
别的面包店难以模仿，
加上诚心诚意做面包，
才赢得了"机器人面包好吃"的声誉。

有一天，碰巧面包销量不多，
剩下了不少发好的生面团。
店员觉得扔掉怪可惜的，
就加了一些新原料，掺和在一起烤成面包卖。

如果这样做，不仅味道会变
差，而且不卫生！如果味道
变了，来买机器人面包的顾
客肯定会减少。

可是这次，顾客并没有大量减少。

合伙经营的地球人就考虑：

"如果把做面包的时间缩短三分之二，

就可以做出3倍的面包，每天生产3000个。

那营业额和利润不也就成了3倍嘛。"

结果，机器人一点儿都不能休息，

也没时间检查发面和烤制的质量，

连打扫卫生的工夫都没有，

更别提把自己喜爱做面包的热情揉入面包中了。

面包销量越大，提意见的顾客就越多。

连那些对味道不太敏感的人都感觉到

"味道比以前差了"。

面包的销路不仅没有扩大，反而缩小了。

机器人向合伙经营的地球人建议：

"我们对顾客进行问卷调查吧，听听他们怎么说。"

问卷调查收到了许多意见：

"机器人面包不好吃了。"

"机器人面包特有的香味没了。"

"面包变硬了。"

机器人面包店失败的原因是：光想着赚钱，不顾质量扩大生产，
结果造成了顾客减少，面包滞销。

公司不仅没赚到钱，销售额反而大幅度下降了。

食品药品监督管理局的检查员听到了"机器人面包不卫生"的传闻，
对全国的机器人面包工厂进行了全面检查。

"这就是做面包的机器人啊！"

"身上这么脏，确实不卫生呀！"

于是，检疫所下达命令：机器人一个星期不许工作，做大扫除。

合伙经营的地球人终于懂得了:

公司要发展,最重要的是不能只考虑增加销售额,

还要考虑如何做出好吃的面包,

并根据顾客要求提供周到的服务。

机器人自言自语地说:"谢谢大家回答问卷调查……"

停工期间，机器人们被仔细地分解开，
进行了彻底的大扫除。

机器人如同获得了新生。
他们烤制出的面包上，绘有机器人的表情，
还有糕点星上盛开的花卉的图案。
他们精心制作，把真情揉入一个个面包中。
顾客都表扬说："机器人面包又好吃了！"
机器人们这才放心，他们脸上又恢复了笑容。
"面包还是一个个做出来才好吃啊！"

"我们和好多地球人交了朋友，

可不顾质量扩大生产，是令人痛心的！"

"让我们用之前时间的三分之一做出面包来，不可能啊！

我们的身体构造，不是那么设计的呀。"

"在地球上大批量生产也许理所当然，可我们不会啊！"

机器人一边谈论着，

一边登上宇宙飞船，飞回了糕点星。

作者介绍

■著：〔日〕泉美智子

"儿童经济教育研究室"代表，理财规划师，日本儿童文学作家协会会员。

她在日本全国举办面向父母和儿童、小学生、中学生的金钱教育讲座，同时编写公民教育课外读物和纸戏剧。主要著作有《什么是保险？》（近代推销社）、《调查一下金钱动向吧》（岩波书店）等。

■绘：〔日〕新谷红叶

画家，插图画家。在大广告公司担任设计工作后，转为自由职业画家。

目前主要绘制广告画、杂志插图、绘本等，还绘制大型绘画，多次举办个人画展和参加团体画展。入选两年一度的日本国际美术展和现代日本美术展。荣获唱片封套设计比赛特别奖。

■译：唐亚明

知名图画书编辑、作家、翻译家，出生于北京。毕业于早稻田大学文学系、东京大学研究生院。1983 年应"日本绘本之父"松居直邀请，进入日本最权威的少儿出版社福音馆书店，成为日本出版社的第一个外国人正式编辑，并一直活跃在童书编辑的第一线，编辑了大量优秀的图画书，并获得各种奖项。

他本人的主要著作有《翡翠露》（第 8 届开高健文学奖励奖）、《哪吒和龙王》（第 22 届讲谈社出版文化奖绘本奖）、《西游记》（第 48 届产经儿童出版文化奖）等。

他曾作为亚洲代表，任"意大利博洛尼亚绘本原画博览会"评委，并任日本儿童图书评议会（JBBY）理事。现在东洋大学和上智大学任教。现任全日本华侨华人文学艺术联合会名誉会长、全日本华侨华人中国和平统一促进会会长。他翻译了许多作品介绍给中日两国读者。